Comment utiliser un multimètre numérique

Le manuel complet du débutant

Luc Bertrand

Clause de non-responsabilité

Table des matières

Introduction

Bienvenue dans Comment utiliser un multimètre numérique : le manuel complet du débutant !

Que vous soyez un électricien en herbe, un bricoleur, un amateur travaillant sur l'électronique ou simplement quelqu'un qui souhaite résoudre des problèmes électriques domestiques, un multimètre numérique (DMM) est l'un des outils les plus essentiels que vous puissiez posséder. Mais si vous n'en avez jamais utilisé auparavant, les boutons, les symboles et les paramètres peuvent sembler écrasants.

Ce livre est conçu pour vous faire passer du débutant absolu à l'utilisateur confiant, vous apprenant non seulement comment mesurer la tension, le courant et la résistance, mais aussi pourquoi ces mesures sont importantes. À la fin, vous serez en mesure de diagnostiquer un câblage défectueux, de tester les batteries, de vérifier les circuits et même de résoudre les problèmes électriques automobiles de base, le tout avec l'aide de votre fidèle multimètre.

Commençons !

Pourquoi apprendre à utiliser un multimètre numérique (DMM) ?

Un multimètre numérique est comme un couteau suisse pour l'électricité : il vous aide à mesurer, dépanner et comprendre les systèmes électriques avec précision. Voici pourquoi apprendre à en utiliser un est si précieux :

1. Résolvez les problèmes électriques quotidiens

- Votre prise est morte ? Un multimètre peut vous dire s'il est alimenté.
- La batterie de votre voiture est à plat ? Testez sa tension avant de le remplacer.
- Un fusible a grillé ? Vérifiez-le en quelques secondes au lieu de deviner.

2. Économisez de l'argent sur les réparations

Au lieu d'appeler un électricien pour chaque petit problème, vous pouvez diagnostiquer vous-même les problèmes, économisant ainsi du temps et de l'argent.

3. Travaillez en toute sécurité sur l'électronique et le câblage

Deviner si un fil est sous tension peut être dangereux. Un multimètre vous donne des *données réelles* pour travailler en toute sécurité.

4. Indispensable pour le bricolage électronique et les travaux automobiles

Si vous aimez la construction de circuits, la robotique ou la réparation de voitures, un multimètre numérique est un outil indispensable pour tester les composants et dépanner.

5. Renforcez la confiance dans la gestion des tâches électriques

Une fois que vous maîtriserez un multimètre, vous aborderez les projets électriques avec confiance plutôt qu'avec peur.

À qui s'adresse ce livre ?

Ce livre est écrit pour les débutants complets : aucune expérience préalable n'est requise ! C'est parfait pour :

🦴 **Propriétaires et locataires** – Apprenez à tester les prises, les interrupteurs et les appareils en toute sécurité.

Propriétaires de voitures et passionnés d'automobile – Diagnostiquer les problèmes de batterie, d'alternateur et électriques.

Bricoleurs et bricoleurs – Résolvez les problèmes de câblage sans appeler un électricien.

Amateurs d'électronique – Testez les circuits, les résistances et les composants pour vos projets.

Étudiants et débutants dans les domaines électriques – Construisez une base solide avant de passer à des outils avancés.

Si vous ne savez pas comment vérifier si un fil est sous tension, mesurer l'état d'une batterie ou tester un composant, ce livre vous donnera les conseils étape par étape dont vous avez besoin.

La sécurité avant tout : précautions essentielles avant de commencer

L'électricité peut être dangereuse si elle est mal manipulée. Avant d'utiliser votre multimètre, suivez ces règles de sécurité :

1. Inspectez toujours votre multimètre et vos sondes

- Vérifiez les fils endommagés ou les sondes fissurées.
- N'utilisez jamais un compteur cassé : cela pourrait donner de fausses lectures ou provoquer des chocs.

2. Commencez avec le bon réglage

- Des paramètres incompatibles (par exemple, mesure de la tension alternative en mode DC) peuvent endommager le compteur ou vous blesser.
- Vérifiez à nouveau le cadran avant de tester.

3. Évitez les circuits haute tension si vous êtes débutant

- Les prises domestiques (120 V/240 V) et les batteries de voiture (12 V) sont courantes, mais les circuits haute tension (comme les lignes électriques) nécessitent une formation professionnelle.

4. Ne touchez jamais les pointes des sondes métalliques pendant les tests

- Même les basses tensions peuvent être dangereuses si le courant traverse votre corps.
- Tenez les sondes uniquement par les poignées isolées.

5. Débranchez l'alimentation lors du test de résistance ou de continuité

- Mesurer la résistance sur un circuit sous tension peut faire frire votre multimètre.

6. Utilisez un EPI (équipement de protection individuelle) approprié en cas de besoin

- Des gants isolés et des lunettes de sécurité sont recommandés pour les circuits à haute énergie.

⚠ **Souviens-toi:** Un multimètre est un outil puissant, mais la sécurité passe avant tout. Si vous n'êtes pas sûr d'une mesure, arrêtez-vous et consultez un expert.

Partie 1 : Comprendre votre multimètre numérique

Chapitre 1 : Qu'est-ce qu'un multimètre numérique ?

Un multimètre numérique (DMM) est un outil de mesure électronique essentiel qui combine plusieurs fonctions en un seul appareil. Il vous permet de mesurer avec précision la tension, le courant, la résistance et d'autres propriétés électriques. Que vous dépanniez un circuit cassé, testiez une batterie ou vérifiiez un appareil défectueux, un multimètre numérique fournit des lectures précises qui vous aident à diagnostiquer les problèmes rapidement et en toute sécurité.

Dans ce chapitre, nous explorerons :

✔ L'histoire des multimètres et leur évolution
✔ Les principales différences entre les multimètres analogiques et numériques
✔ Les principaux composants d'un multimètre numérique et ce qu'ils font

1. Bref historique des multimètres

Avant l'existence des multimètres numériques, les électriciens et les ingénieurs utilisaient des compteurs analogiques, des appareils encombrants à aiguilles qui nécessitaient une interprétation minutieuse. Voici comment les multimètres ont évolué :

Années 1920 : les premiers multimètres

- L'AVO Meter (Ampère, Volt, Ohm), inventé par l'ingénieur britannique Donald Macadie en 1923, fut l'un des premiers multimètres.
- Les premiers modèles utilisaient des mécanismes à bobine mobile (galvanomètres) pour mesurer le courant.

Années 1960-1970 : l'essor des compteurs numériques

- Avec l'invention des circuits intégrés (CI), les affichages numériques sont devenus possibles.
- Le premier multimètre numérique portatif (DMM) a été introduit dans les années 1970, offrant une meilleure précision et une plus grande facilité d'utilisation que les modèles analogiques.

Aujourd'hui : les multimètres numériques intelligents et avancés

Les multimètres numériques modernes incluent la sélection automatique, le True RMS, la connectivité Bluetooth et l'enregistrement des données.

- Certains modèles haut de gamme se connectent même aux smartphones pour des diagnostics avancés.

Fait amusant : Le Fluke 8020A (1977) a été l'un des premiers multimètres numériques portables largement utilisés et a établi la norme en matière de conceptions modernes.

2. Multimètres analogiques ou numériques

Tableau 1 : Montrant la différence entre l'analogique et le numérique :

Fonctionnalité	Multimètre analogique	Multimètre numérique (DMM)
Afficher	Déplacement de l'aiguille sur une balance	Écran LCD numérique

Précision	Modéré (erreurs de lecture humaine)	Élevé (affichage numérique précis)
Facilité d'utilisation	Nécessite une interprétation de la position de l'aiguille	Chiffres directs et faciles à lire
Temps de réponse	Lent (l'aiguille bouge progressivement)	Instantané (mises à jour en temps réel)
Fonctions	Basique (tension, courant, résistance)	Avancé (capacité, fréquence, température, etc.)
Durabilité	Sensible aux chutes/champs magnétiques	Plus robuste, résistant aux chocs
Prix	Généralement moins cher	Un peu plus cher (mais plus polyvalent)

Quand utiliser lequel ?

- **Analogique** – Idéal pour observer les tendances (par exemple, tensions qui changent lentement) mais plus difficile à lire avec précision.
- **Numérique** – Idéal pour les mesures précises et les débutants grâce à des lectures claires.

3. Composants clés d'un multimètre numérique

Un multimètre numérique se compose de plusieurs parties importantes, chacune remplissant une fonction spécifique.

1. Affichage (écran LCD)

- Affiche les valeurs mesurées (tension, courant, résistance, etc.).
- Peut inclure un rétroéclairage pour des conditions de faible luminosité.

2. Molette de sélection (commutateur rotatif)

- Vous permet de choisir le mode de mesure (par exemple, tension alternative, tension continue, résistance).
- Certains compteurs disposent d'une gamme automatique, tandis que d'autres nécessitent une sélection manuelle de la gamme.

3. Prises d'entrée (ports pour cordons de test)

- **COM (Plomb commun/noir)** – Référence au sol pour toutes les mesures.
- **VΩmA (fil rouge)** – Utilisé pour les mesures de tension, de résistance et de petits courants.
- **10A (fil rouge à courant élevé)** – Pour mesurer des courants plus importants (généralement jusqu'à 10A).

▲ **Avertissement:** Brancher le fil rouge dans la mauvaise prise pendant la mesure du courant peut **faire sauter un fusible** ou endommager le compteur !

4. Fils de test (sondes)

- Fils rouge (positif) et noir (négatif/négatif) avec pointes métalliques.
- Certaines sondes sont livrées avec des pinces crocodiles pour des tests mains libres.

5. Boutons de fonction

- **Maintenir (H)** – Gèle la lecture sur l'écran.
- **Gamme** – Ajustez manuellement les plages de mesure.

- **Rétroéclairage** – Allume l'éclairage de l'écran LCD.
- **Mode/Sélection** – Bascule entre AC/DC, Hz, etc.

6. Compartiment à fusibles et à piles

- Protège le compteur des dommages causés par les surintensités.
- Une batterie remplaçable (généralement 9 V) alimente le multimètre numérique.

Résumé du chapitre :

✔ Les multimètres sont passés d'appareils analogiques à aiguilles à des outils de précision numériques.

✔ Les multimètres numériques (DMM) sont meilleurs en termes de précision, de facilité d'utilisation et de fonctionnalités avancées.

✔ Les composants clés du DMM comprennent l'écran, la molette de sélection, les prises d'entrée, les cordons de test et les boutons de fonction.

Chapitre 2 : Types de multimètres numériques

Tous les multimètres numériques (DMM) ne sont pas égaux. Certains sont simples et abordables, conçus pour un usage domestique de base, tandis que d'autres sont dotés de fonctionnalités avancées pour les électriciens et ingénieurs professionnels. Le choix du bon multimètre dépend de vos besoins, qu'il s'agisse de vérifier une batterie, de diagnostiquer des problèmes électriques de voiture ou de travailler avec des circuits complexes.

Dans ce chapitre, nous explorerons :

✔ Modèles de base ou avancés – Lequel correspond à votre niveau de compétence ?
✔ Sélection automatique ou sélection manuelle – Quelle est la différence et pourquoi est-ce important ?
✔ Multimètres spécialisés – Quand avez-vous besoin d'une pince multimètre ou d'un multimètre numérique True RMS ?

1. Modèles de base et modèles avancés

Multimètres numériques de base

- **Idéal pour :** Débutants, propriétaires, tâches simples de bricolage

Caractéristiques:

- Mesure la tension (AC/DC), le courant et la résistance
- Peut inclure des tests de continuité et des vérifications de diodes
- Gamme manuelle (vous sélectionnez la plage de mesure correcte)
- Aucune fonction supplémentaire comme la capacité ou la fréquence
- Coût inférieur (10 $ à 50 $)

Exemples d'utilisation :

✔ Test des batteries domestiques
✔ Vérifier si une prise est active
✔ Vérifier la continuité des fils

Multimètres numériques avancés

- **Idéal pour :** Électriciens, ingénieurs, amateurs d'électronique

Caractéristiques:

- Gamme automatique (sélectionne automatiquement la meilleure gamme)
- Mesure la capacité, la fréquence, la température, etc.

- True RMS (pour des lectures précises sur les signaux AC non sinusoïdaux)
- Enregistrement de données et Bluetooth (certains modèles enregistrent les lectures ou se connectent aux smartphones)
- Indices de durabilité et de sécurité plus élevés (CAT III/CAT IV pour les travaux à haute tension)
- Plus cher (50 $ à 500 $ et plus)

Exemples d'utilisation :

✔ Diagnostiquer les problèmes de circuits complexes

✔ Mesurer l'efficacité des moteurs en milieu industriel

✔ Test de composants électroniques lors de la réparation de PCB

2. Multimètres à plage automatique ou à plage manuelle

Multimètres numériques à sélection automatique

- Sélectionne automatiquement la plage de mesure correcte (par exemple, 0-20 V, 20-200 V, etc.)
- Plus facile pour les débutants – Pas besoin de deviner la bonne plage
- Légèrement plus lent (prend un moment pour s'adapter)
- Plus cher que les modèles manuels

Idéal pour : Usage général, mesures rapides, débutants

Multimètres numériques à plage manuelle

- Vous devez sélectionner la plage correcte avant de mesurer
- Moins cher que les modèles à sélection automatique
- Temps de réponse plus rapide (une fois la bonne plage définie)
- Risque de lectures erronées si la plage est trop haute/basse

Idéal pour : Utilisateurs qui comprennent les plages et souhaitent des lectures plus rapides

Conseil de pro : Si vous n'êtes pas sûr des plages, commencez par la sélection automatique. Si vous avez besoin de précision dans une plage spécifique (par exemple, faible résistance), le manuel peut être préférable.

3. Multimètres spécialisés

Pinces ampèremétriques (multimètres à pince de courant)

- Mesure le courant AC/DC sans couper le circuit (utilise une pince autour d'un fil)
- Idéal pour les applications à courant élevé (par exemple, CVC, automobile, industriel)
- Comprend souvent des fonctions DMM de base (tension, résistance)

Quand l'utiliser :

✔ Vérification du courant dans le câblage domestique

✔ Diagnostic des problèmes d'alternateur de voiture

✔ Mesure des charges du moteur

Multimètres RMS vrais

- Mesure avec précision les signaux CA non linéaires (par exemple, moteurs à vitesse variable, gradateurs)
- Les multimètres numériques standard supposent des ondes sinusoïdales parfaites et peuvent donner des lectures erronées
- Indispensable pour les électriciens professionnels et les travaux électroniques avancés

Quand l'utiliser :

✔ Tester des appareils modernes avec des commandes électroniques

✔ Travailler avec des machines industrielles

✔ Mesure des signaux de puissance déformés

Multimètres industriels/haute tension

- Classé pour CAT III/CAT IV (sans danger pour les circuits à haute énergie)
- Résistant aux chocs et robuste pour les environnements difficiles
- Utilisé par les électriciens et les travailleurs des services publics

Quand l'utiliser :

✔ Travailler sur des panneaux de disjoncteurs

✔ Test des équipements haute tension

Testeurs mini/multifonctions

- DMM compacts au format de poche
- Fonctionnalités limitées mais hautement portable
- Certains incluent une détection de tension sans contact

Quand l'utiliser :

✔ Vérifications rapides dans des espaces restreints

✔ Dépannage d'urgence

Résumé du chapitre :

✔ Les multimètres numériques de base sont parfaits pour les tâches simples, tandis que les modèles avancés offrent plus de fonctionnalités.

✔ La sélection automatique est conviviale ; la sélection manuelle donne plus de contrôle.

✔ Les multimètres spécialisés (pinces ampèremétriques, True RMS, industriels) répondent à des besoins uniques.

Chapitre 3 : Symboles et affichage du multimètre

Lorsque vous regardez pour la première fois un multimètre numérique (DMM), la gamme de symboles, de chiffres et de boutons peut être écrasante. Mais une fois que vous aurez compris la signification de chaque élément, vous pourrez naviguer dans votre multimètre en toute confiance. Ce chapitre décodera les **symboles, les lectures d'affichage et les boutons** afin que vous puissiez utiliser votre multimètre numérique de manière efficace.

Dans ce chapitre :

✔ Symboles DMM courants – Que signifient toutes ces icônes ?
✔ Comprendre l'écran LCD – Comment interpréter les chiffres et les indicateurs
✔ Fonctions des boutons – Ce que fait chaque bouton et quand l'utiliser

1. Explication des symboles courants du DMM

Les multimètres utilisent des symboles standardisés pour représenter différents modes de mesure et avertissements. Voici une liste des plus importants :

Tableau 2 : Modes de mesure :

Symbole	Signification	Quand l'utiliser
V~ (tension alternative)	Mesure la tension alternative (électricité domestique)	Test des prises murales, des appareils AC
V~ (tension alternative)	Mesure la tension continue (batteries, électronique)	Vérification des batteries de voiture, des circuits DC
V= (Tension CC)	Mesure le courant alternatif (rare dans les multimètres numériques basiques)	Test des appareils AC (nécessite de couper le circuit)
A~ (courant alternatif)	Mesure le courant continu	Vérification de la consommation de courant dans les circuits CC
Oh (Résistance)	Mesure la résistance en ohms	Test des résistances, vérification de la continuité des fils
=▶ (Test de	Vérifie la	Test des LED,

diodes)	fonctionnalité des diodes	diodes et transistors
▶)) (Continuité)	Vérifie si un circuit est complet (bip si connecté)	Trouver des fils cassés ou des courts-circuits

Tableau 3 : Symboles supplémentaires :

Symbole	Signification	Remarques
Hz (Fréquence)	Mesure la fréquence du signal	Utilisé dans l'électronique avancée
F (Capacité)	Mesure les valeurs des condensateurs	Pour tester les condensateurs
°C/°F (Température)	Mesure la température (nécessite une sonde)	Vérification de la chaleur dans les circuits
MAXI/MIN	Enregistre les lectures les plus élevées/les plus basses	Utile pour les signaux fluctuants
CAT III/CAT IV	Cote de sécurité pour les travaux	Utilisation industrielle/électriq

	à haute tension	ue

⚠ Symbole d'avertissement

- ! ou ⚠ – Avertissement (par exemple, haute tension, surcharge)
- OL (Surcharge) – La valeur dépasse la plage de mesure
- - (Négatif) – Inverser la polarité (échanger les sondes si inattendu)

2. Comprendre l'écran LCD

L'écran LCD affiche vos mesures, mais il fournit également des indicateurs importants. Voici comment le lire :

Principaux éléments d'affichage

1. Valeur numérique – La lecture principale (par exemple, « 12,34 V »)

2. Indicateur d'unité – Affiche l'unité de mesure (V, A, Ω, etc.)

3. Indicateur AC/DC – Indique si vous mesurez AC (~) ou DC (=)

4. Indicateur de plage automatique (AUTO) – Apparaît si le multimètre numérique effectue une sélection automatique de plage.

5. Symbole de maintien (H) – Indique que la lecture est gelée

6. Avertissement de batterie faible ($\bar{\equiv}$) – Il est temps de remplacer la batterie

7. Point décimal – Indique la précision de la valeur (par exemple, « 1,234 » contre « 12,34 »)

Modes d'affichage spéciaux

- Valeur négative (-) – Polarité inversée (vérifier les connexions de la sonde)

- OL (Over Limit) – La lecture est au-delà de la plage sélectionnée

- Er ou Err – Erreur (par exemple, mauvais mode pour la mesure)

3. À quoi servent tous ces boutons ?

La plupart des multimètres numériques disposent de boutons supplémentaires pour les fonctions avancées. Voici ce qu'ils font généralement :

Tableau 4 : Boutons communs et leurs fonctions :

Bouton	Fonction	Quand l'utiliser
PRISE	Gèle la lecture actuelle	Lorsque vous ne pouvez pas voir l'écran pendant le sondage
GAMME	Bascule entre la plage automatique/manuelle	Forcer une plage spécifique (par exemple, 0-20 V)
SÉLECTIONNER	Bascule entre les modes (AC/DC, Hz, etc.)	Changer les types de mesure sans tourner la molette
MINIMUM/MAXI	Enregistre les lectures les plus basses/plus élevées	Surveillance des tensions/courants fluctuants
REL (relatif)	Remise à zéro (pour les mesures différentielles)	Comparaison de deux lectures (par exemple, chutes de tension)

Rétroéclairage	Allume l'éclairage de l'écran	Travailler dans des zones sombres

Exemple de cas d'utilisation : mesure d'une batterie de voiture

1. Tournez la molette sur $=V$ (tension CC)

2. Si l'écran affiche OL, appuyez sur RANGE pour sélectionner une plage de tension plus élevée.

3. Connectez les sondes aux bornes de la batterie

4. Appuyez sur HOLD pour geler la lecture si nécessaire

Résumé du chapitre :

✔ Les symboles vous indiquent dans quel mode se trouve le multimètre numérique (AC/DC, résistance, etc.).

✔ L'écran LCD affiche la valeur de mesure, les unités et les avertissements.
✔ Les boutons offrent un accès rapide au maintien, à la portée et à d'autres fonctions.

Partie 2 : Fonctions essentielles du multimètre

Chapitre 4 : Mesure de la tension (AC et DC)

La mesure de la tension est l'une des fonctions les plus fondamentales et les plus fréquemment utilisées d'un multimètre numérique. Que vous vérifiiez une prise domestique ou testiez une batterie de voiture, il est essentiel de comprendre comment mesurer correctement la tension pour un dépannage sûr et précis.

Dans ce chapitre :

✔ Qu'est-ce que la tension ? – Les bases de la différence de potentiel électrique

✔ Comment mesurer la tension alternative – Tester en toute sécurité les prises murales et les appareils électroménagers

✔ Comment mesurer la tension continue – Vérification des batteries et des circuits électroniques

✔ Erreurs courantes – Pièges à éviter pour des lectures précises

1. Qu'est-ce que la tension ?

Les bases du potentiel électrique
La tension (mesurée en volts, V) est la « pression » électrique qui pousse le courant dans un circuit. Pensez-y comme à la pression de l'eau dans un tuyau :

- Tension plus élevée = Plus de potentiel pour déplacer des électrons (par exemple, prise 120 V)
- Tension inférieure = Moins de potentiel (par exemple, pile AA 1,5 V)

Tableau 5 : Tension CA ou CC :

Tension alternative (courant alternatif)	Tension CC (courant continu)
Change périodiquement de direction (par exemple, électricité domestique)	Flux dans une direction (par exemple, piles, appareils électroniques)
Mesuré comme V~ (symbole d'onde sinusoïdale)	Mesuré comme V= (symbole de ligne droite)
Commun dans les prises murales, les appareils électroménagers	Commun dans les batteries, les voitures, les circuits

2. Comment mesurer la tension alternative (prises murales, appareils électroménagers)

Étape par étape : tester une prise secteur

1. Réglez le multimètre numérique sur la tension alternative (V ~)

- Tournez la molette sur V~ (ou VAC).
- En cas de sélection automatique, le compteur s'ajustera. Si c'est manuel, sélectionnez une plage supérieure à celle prévue (par exemple, 200 V pour des prises de 120 V).

2. Insérez correctement les cordons de test

- Fil noir → port COM
- Fil rouge → port VΩmA

3. Insérez les sondes en toute sécurité dans la prise

- Sonde noire → Emplacement neutre (emplacement plus grand dans les prises américaines)

- Sonde rouge → Emplacement chaud (emplacement plus petit)
- Ne touchez jamais les pointes de sonde métalliques !

4. Lire l'affichage

- Une prise américaine standard devrait indiquer 110-120 V (ou 220-240 V dans certains pays).
- Si OL apparaît, la plage est trop basse. Ajustez à un réglage plus élevé.

▲ **Conseil de sécurité :**
- Ne mesurez pas la tension alternative si vous n'êtes pas sûr – cela peut être mortel.
- Utilisez des sondes isolées et éloignez les doigts du métal.

3. Comment mesurer la tension continue (batteries, circuits)

Étape par étape : tester une batterie

1. Réglez le multimètre numérique sur la tension continue (V⎓)

- Tournez la molette sur V⁑ (ou VDC).
- Pour une pile 9 V, sélectionnez la plage 20 V (manuelle) ou laissez la plage automatique s'ajuster.

2. Connectez les sondes à la batterie

- Sonde rouge (+) → Borne positive
- Sonde noire (-) → Borne négative

3. Lisez l'affichage

- Une pile AA neuve devrait afficher ~ 1,5 V.
- Une batterie de voiture 12 V doit indiquer 12,6 V (chargée) ou <11,9 V (déchargée).

Mesurer la tension dans un circuit

- Allumez le circuit (la tension doit être présente).
- Placez des sondes sur les composants (par exemple, résistance, LED) pour mesurer la chute de tension.

4. Erreurs courantes et comment les éviter

Tableau 6 : Affichage des erreurs courantes et comment les corriger :

Erreur	Pourquoi c'est mauvais	Comment réparer
Mesurer le courant alternatif en mode continu (ou vice versa)	Donne des lectures erronées ou endommage le compteur	Vérifiez toujours V~ par rapport à V⁼ avant de tester
Utilisation d'une mauvaise plage (multimètres numériques manuels)	Lectures OL (surcharge) ou basse résolution	Commencez haut, puis diminuez la fourchette
Sondes inverseuses sur tension continue	Affiche une valeur négative (non nocive mais déroutante)	Rouge à (+), Noir à (-)
Test de résistance des circuits sous tension	Peut faire frire le multimètre	Éteignez toujours avant les tests Ω
Toucher les pointes des sondes ensemble à haute tension	Risque d'étincelles de court-circuit	Gardez les sondes séparées lorsqu'elles ne sont pas utilisées

Conseil de pro :

- Pour les tensions fluctuantes, utilisez le maintien MIN/MAX pour capturer les pics.
- Pour plus de précision, assurer un bon contact de la sonde (bornes propres, pas de corrosion).

Résumé du chapitre :

✔ Tension = pression électrique (le courant alternatif change de direction, le courant continu circule dans un sens).

✔ La tension alternative (V~) mesure les prises murales ; La tension CC (V⁼) teste les batteries/circuits.

✔ Évitez les erreurs telles que le mauvais mode, les sondes inversées ou les tests de résistance sous tension.

Chapitre 5 : Mesure du courant (ampères)

La mesure du courant est l'une des fonctions les plus importantes, mais potentiellement dangereuses, d'un multimètre numérique. Contrairement aux mesures de tension (où vous testez sur deux points), les mesures de courant nécessitent que le multimètre fasse partie du circuit. Ce chapitre vous apprendra comment mesurer le courant de manière sûre et efficace.

Dans ce chapitre :

✔ Comprendre le courant – La différence entre le courant AC et DC
✔ Comment mesurer le courant en série – Instructions étape par étape
✔ Pourquoi les tests directs à courant élevé sont dangereux – Avertissements de sécurité et alternatives

1. Comprendre le courant (AC vs DC)

Qu'est-ce qui est actuel ?

- Le courant (mesuré en ampères, A) est le flux d'électrons à travers un conducteur.
- Pensez-y comme à l'eau qui coule dans un tuyau :
- Tension = Pression poussant l'eau

- Courant = quantité d'eau qui coule

Tableau 7 : Courant alternatif par rapport au courant continu :

Courant alternatif (alternatif)	Courant CC (direct)
Change de direction (par exemple, électricité domestique)	S'écoule dans un sens (par exemple, piles, appareils électroniques)
Mesuré comme A~	Mesuré comme A=
Nécessite de couper le circuit pour la mesure	Identique au courant alternatif, mais plus courant dans les appareils basse tension

Point clé : La plupart des appareils électroménagers utilisent le courant alternatif, tandis que les appareils électroniques et les voitures utilisent le courant continu.

2. Comment mesurer le courant en série

Pourquoi « En série » ?

- Contrairement à la tension (mesurée en parallèle), le courant doit traverser le multimètre.
- Cela signifie que vous devez couper le circuit et y insérer le compteur.

Étape par étape : mesure du courant continu (exemple : circuit LED)

1. Éteignez le circuit – Ne modifiez jamais un circuit sous tension !

2. Réglez le multimètre numérique sur courant continu (A⎓)
- Commencez par la plage la plus élevée (par exemple, 10 A) pour éviter de faire sauter un fusible.

3. Déplacez la sonde rouge vers le port 10A ou mA. (vérifiez votre manuel !)
- **Avertissement:** L'utilisation du mauvais port peut endommager le compteur.

4. Coupez le circuit et insérez le multimètre numérique en série
- Débranchez le fil du côté négatif de la source d'alimentation (batterie).
- Connectez la sonde rouge à la borne (-) de la batterie.
- Connectez la sonde noire au fil déconnecté.

5. Allumez le circuit et lisez l'affichage

- Si la lecture est très faible (par exemple 0,02 A), passez à la plage mA pour une meilleure précision.

Exemple de mesure :
- Un circuit LED typique peut consommer 20 mA (0,02 A).
- Si l'écran affiche 0,00, vérifiez les connexions : le circuit n'est peut-être pas complet.

Mesure du courant alternatif (avancé)

- Rarement fait par les débutants (plus risqué que DC).
- Nécessite une pince multimètre pour des mesures plus sûres (voir chapitre 2).

3. Pourquoi vous ne devriez (presque) jamais tester directement un courant élevé

Le danger du courant élevé

- La plupart des multimètres numériques sont équipés d'un fusible (0,5 A à 10 A) qui grille en cas de dépassement.

- Tester un courant continu élevé (par exemple, démarreur de voiture, réseau domestique) peut :
- Sondes de fusion
- Exploser le multimètre
- Provoquer des blessures graves

Alternatives sûres

1. Utilisez une pince multimètre (pour le courant alternatif) – Pas besoin de couper le circuit.

2. Mesurez la tension et calculez le courant (loi d'Ohm : $I = V/R$).

3. Utilisez une résistance shunt (pour les courants continus élevés).

Quand la mesure directe est acceptable

- Circuits à faible courant (par exemple, <500 mA en électronique).
- Avec une sélection de plage appropriée (commencer haut, puis ajuster vers le bas).

Résumé du chapitre :

✔ Courant = flux d'électricité (le courant alternatif change de direction, le courant continu non).

✔ La mesure du courant nécessite de couper le circuit et de placer le multimètre numérique en série.

✔ Évitez de tester directement des courants élevés : utilisez des pinces multimètres ou des méthodes indirectes.

Chapitre 6 : Mesure de la résistance (Ohms)

La résistance est l'une des propriétés électriques les plus fondamentales que vous mesurerez avec un multimètre. Que vous testiez une résistance, vérifiiez l'intégrité d'un fil ou diagnostiquiez des problèmes de circuit, comprendre comment mesurer correctement la résistance est essentiel pour tout travail électrique.

Dans ce chapitre :

✔ Qu'est-ce que la résistance ? – Les bases de l'opposition au flux de courant
✔ Test des résistances, des fils et de la continuité – Techniques de mesure pratiques
✔ Diagnostic des circuits ouverts et des courts-circuits – Comment identifier les défauts électriques courants

1. Qu'est-ce que la résistance ?

Les bases de la résistance électrique

La résistance (Ω) mesure dans quelle mesure un matériau s'oppose au courant électrique.

- Pensez-y comme à une conduite d'eau :
- Faible résistance = Tuyau large (écoulement facile)

- Haute résistance = Tuyau étroit (débit restreint)
- Mesuré en ohms (Ω), kilohms (kΩ) et mégohms (MΩ).

Loi d'Ohm (V = I × R)

- Tension (V) = Courant (I) × Résistance (R)
- Si vous connaissez deux valeurs, vous pouvez calculer la troisième.

Facteurs affectant la résistance

1. Matériau – Cuivre (Ω faible) vs caoutchouc (Ω élevé)

2. Épaisseur – Les fils plus épais ont moins de résistance

3. Longueur – Les fils plus longs ont plus de résistance

4. Température – La plupart des métaux augmentent leur résistance lorsqu'ils sont chauds

2. Test des résistances, des fils et de la continuité

Comment mesurer la résistance

1. Mettez le circuit hors tension – Ne mesurez jamais la résistance sur des circuits sous tension !

2. Réglez le multimètre numérique en mode Ω (ohms)
- Pour la sélection automatique : sélectionnez simplement Ω
- Pour manuel : commencez par la plage la plus basse et ajustez

3. Connectez les sondes
- Placer les sondes à travers le composant (pas de souci de polarité)

4. Lisez l'affichage
- "OL" signifie résistance infinie (circuit ouvert)
- "0,00" ou proche de zéro indique un court-circuit

Tableau 8 : Composants de test :

Composant	Comment tester	Lecture attendue
Résistance	Mesurer l'ensemble des leads	Doit correspondre au code couleur (dans les limites de tolérance)
Fil/Câble	Tester de bout en bout	Près de 0Ω (bon), OL (cassé)
Continuité	Utiliser le mode	Bip = bonne

	►))	connexion

Conseil de pro :
- Pour les résistances, vérifiez d'abord le code couleur pour estimer la valeur attendue.
- Touchez d'abord les sondes ensemble pour tester la résistance du fil (soustrayez-la des lectures).

3. Diagnostic des circuits ouverts et courts

Circuit ouvert (connexion interrompue)

Symptômes: Pas de flux de courant, l'appareil ne fonctionne pas

Comment tester :
1. Réglez le DMM en mode continuité ou Ω
2. Mesurez sur le chemin suspecté
3. OL ou Ω très élevé = circuit ouvert

Causes courantes :
- Fils cassés
- Joints de soudure à froid
- Composants grillés

Court-circuit (connexion indésirable)

Symptômes: Courant excessif, fusibles grillés, chaleur

Comment tester :
1. Éteindre et décharger les condensateurs
2. Réglez le multimètre numérique en mode Ω
3. Mesurez entre des points qui ne devraient pas se connecter
4. Près de 0Ω = court-circuit

Causes courantes :
- Isolation endommagée
- Ponts à souder
- Composants défaillants

Organigramme de dépannage

1. Vérifiez d'abord la continuité – Le chemin est-il terminé ?

2. Mesurez la résistance – Est-elle dans la plage attendue ?

3. Comparez les côtés – Les circuits correspondants affichent-ils des valeurs similaires ?

Résumé du chapitre :

✔ La résistance s'oppose au flux de courant et est mesurée en ohms (Ω).

✔ Mettez toujours les circuits hors tension avant de tester la résistance.

✔ Les tests de continuité aident à détecter les connexions rompues (circuits ouverts).

✔ Une résistance proche de zéro entre des points séparés indique un court-circuit.

Chapitre 7 : Test des diodes et de la continuité

Tester les diodes et vérifier la continuité font partie des compétences les plus pratiques que vous utiliserez avec votre multimètre numérique. Ces fonctions aident à vérifier la fonctionnalité des composants et à garantir des connexions électriques appropriées dans les circuits. Ce chapitre vous guidera à travers les concepts fondamentaux et les techniques de test pratiques.

Dans ce chapitre :

✔ Comment fonctionnent les diodes - Comprendre le flux de courant unidirectionnel
✔ Utilisation du mode test de diodes - Techniques appropriées pour tester les diodes et les LED
✔ Test de continuité – Comment vérifier rapidement le câblage et les connexions

1. Comment fonctionnent les diodes

La voie à sens unique de l'électronique

Les diodes sont des dispositifs semi-conducteurs qui permettent au courant de circuler dans une seule direction, agissant comme un clapet anti-retour électronique. Ils disposent de deux terminaux :

- Anode (côté positif)
- Cathode (côté négatif, généralement marqué d'une bande)

Caractéristiques clés des diodes

- **Chute de tension directe :** Les diodes au silicium chutent généralement de 0,5 à 0,7 V lors de la conduction
- **Blocage inversé :** Doit montrer une résistance infinie en cas de polarisation inverse
- **Tension de claquage :** Une tension inverse excessive peut détruire la diode

Tableau 9 : Types de diodes courants :

Taper	Cas d'utilisation	Tension directe
Silicium	Usage général	0,5-0,7V
Schottky	Commutation à grande vitesse	0,15-0,45V
Zener	Régulation de tension	Varie (noté)
DIRIGÉ	Éclairage/indicateu	1,2-3,3V

	rs	

2. Utilisation du mode test de diode

Comment tester une diode standard

1. Éteignez le circuit et isolez la diode si possible

2. Réglez le multimètre en mode diode (symbole ⊷▶)

3. Test de biais direct :
   - Sonde rouge à anode, noire à cathode
   - Doit lire 0,5-0,7 V (silicium) ou OL (ouvert) si mauvais

4. Test de biais inverse :
   - Inverser les sondes
   - Doit lire OL (circuit ouvert)

Interprétation des résultats :
   - 0,5-0,7 V avant + OL inverse = bonne diode
   - OL dans les deux sens = diode ouverte
   - Basse tension dans les deux sens = diode en court-circuit

- Valeurs intermédiaires = Diode qui fuit

Test des LED
- Fonctionne comme des diodes standard mais avec une tension directe plus élevée (1,2-3,3 V)
- Certains multimètres numériques fournissent suffisamment de courant pour éclairer légèrement la LED pendant le test

Conseil de pro : Certains multimètres combinent test de diode et continuité – consultez votre manuel pour confirmer quelle fonction est active.

3. Tests de continuité pour le câblage et les connexions

Quand utiliser le test de continuité
- Vérification de l'intégrité des fils
- Vérification des interrupteurs et des relais
- Traçage des chemins de circuits
- Identifier les courts-circuits

Comment effectuer un test de continuité

1. Éteignez et déchargez complètement le circuit

2. Réglez le compteur en mode continuité (symbole ▶))

3. Touchez les sondes pour tester les points :

- Sons sonores = Continuité (faible résistance, généralement <50Ω)
- Silencieux = Pas de continuité (haute résistance)

Applications pratiques :
1. Test d'un fusible :
   - Bon fusible = le buzzer retentit
   - Fusible grillé = pas de son

2. Vérification du faisceau de câbles :
   - Sonder les deux extrémités du fil
   - Le buzzer confirme une connexion ininterrompue

3. Test de commutation :
   - Le buzzer doit retentir lorsqu'il est fermé, s'arrêter lorsqu'il est ouvert

Techniques avancées :
- Mode relatif (REL/Δ) : annule la résistance du fil de test pour des mesures précises
- Variation de tonalité : certains mètres changent de hauteur avec la valeur de résistance

Résumé du chapitre :

✔ Les diodes conduisent dans une direction avec des chutes de tension caractéristiques

✔ Le mode test de diode vérifie la tension directe et le blocage inverse.

✔ Les tests de continuité vérifient rapidement les connexions avec un retour sonore

✔ Testez toujours les circuits non alimentés pour des mesures précises et sûres

Chapitre 8 : Caractéristiques supplémentaires (capacité, fréquence, température, etc.)

Les multimètres numériques (DMM) modernes sont souvent dotés de fonctions avancées allant au-delà des mesures de base de tension, de courant et de résistance. Ces fonctionnalités, telles que les tests de capacité, la mesure de fréquence et les lectures de température, peuvent être extrêmement utiles pour diagnostiquer des problèmes électriques et électroniques complexes.

Dans ce chapitre, nous explorerons :

✔ Quand utiliser les fonctions avancées – Quelles tâches nécessitent ces modes ?
✔ Comment mesurer la capacité – Tester les condensateurs dans les circuits
✔ Mesures de fréquence et de rapport cyclique – Travailler avec des signaux et PWM

1. Quand utiliser les fonctions avancées

Avez-vous besoin de ces fonctionnalités ?

Alors que les fonctions de base du DMM couvrent la plupart des besoins domestiques et automobiles, les fonctionnalités avancées deviennent essentielles lorsque :

- Réparation de l'électronique (condensateurs, oscillateurs, capteurs)
- Diagnostic des commandes moteur (signaux PWM, variateurs de fréquence)
- Test des systèmes CVC (sondes de température)
- Travailler avec des microcontrôleurs (analyse du signal)

Tableau 10 : Fonctions avancées communes et leurs utilisations :

Fonction	Symbole	Quand l'utiliser
Capacitance	F ou CAP	Test des condensateurs défectueux dans les alimentations électriques et les équipements audio
Fréquence	Hz	Mesure des signaux AC, commandes de moteur PWM, circuits oscillateurs
Cycle de service	%	Vérification de la modulation de largeur d'impulsion (PWM) dans les ventilateurs, les LED et les moteurs
Température	°C/°F	Surveillance de la chaleur dans les

		circuits, les systèmes CVC, les moteurs

Note: Tous les multimètres ne disposent pas de ces fonctionnalités. Consultez le manuel de votre multimètre numérique pour confirmer les modes disponibles.

2. Comment mesurer la capacité

Qu'est-ce que la capacité ?
- Les condensateurs stockent l'énergie électrique et se mesurent en farads (F).
- Unités courantes : microfarads (µF), nanofarads (nF), picofarads (pF).

Étape par étape : tester un condensateur

1. Éteignez et déchargez le condensateur (courtez les fils avec une résistance pour éviter les chocs).

2. Réglez le multimètre numérique en mode capacité (F ou CAP).

3. Connectez les sondes (la polarité compte pour les condensateurs électrolytiques : faites correspondre + et -).

4. Lisez la valeur :
- Proche de la valeur indiquée ? → Le condensateur est bon.
- Nettement inférieur ? → Le condensateur est dégradé.
- "OL" ou zéro ? → Le condensateur est ouvert ou mort.

▲ **Avertissement:**
- Ne testez jamais les condensateurs dans un circuit sous tension.
- Les condensateurs haute tension peuvent retenir une charge dangereuse : déchargez-vous toujours en premier !

Exemple:

- Un condensateur de 10 µF indiquant 8,5 µF est probablement toujours fonctionnel.
- S'il affiche 2 µF, il est en panne et doit être remplacé.

3. Mesures de fréquence et de cycle de service

Fréquence de mesure (Hz)

- Fréquence = Fréquence de répétition d'un signal par seconde (par exemple, alimentation CA 60 Hz).

Comment mesurer :

1. Réglez le DMM en mode Hz (parfois combiné avec une tension alternative).

2. Connectez les sondes à la source de signal (par exemple, commande de moteur PWM).

3. Lisez la fréquence (par exemple, « 60,0 Hz » pour le courant alternatif domestique).

Utilisations courantes :

✔ Vérification de la fréquence de la ligne électrique CA (doit être de 50 Hz ou 60 Hz)

✔ Test des circuits oscillateurs (horloges à cristal, signaux radio)

✔ Diagnostic des appareils contrôlés par PWM (ventilateurs PC, variateurs LED)

Cycle de service de mesure (%)

- Cycle de service = Pourcentage de temps pendant lequel un signal est « ON » dans une forme d'onde d'impulsion.

Comment mesurer :

1. Réglez le DMM en mode rapport cyclique (%) (partage souvent un bouton avec Hz).

2. Connectez les sondes au signal PWM (par exemple, fil de commande du moteur).

3. Lisez le pourcentage (par exemple, « 50 % » signifie un temps ON/OFF égal).

Exemples d'applications :

- Un cycle de service de 25 % sur une commande de ventilateur signifie qu'il fonctionne à une vitesse de 25 %.
- Un cycle de service de 90 % sur un injecteur de carburant signifie qu'il est ouvert 90 % du temps.

Résumé du chapitre :

✔ Les fonctions DMM avancées aident à diagnostiquer les condensateurs, les signaux et la température.

✔ Les tests de capacité nécessitent d'abord de décharger les condensateurs pour des raisons de sécurité.

✔ La fréquence (Hz) et le rapport cyclique (%) sont cruciaux pour l'analyse des signaux PWM et AC.

Partie 3 : Applications pratiques

Chapitre 9 : Dépannage des problèmes électriques courants

Maintenant que vous maîtrisez les fonctions de base de votre multimètre numérique (DMM), il est temps d'appliquer ces compétences au dépannage électrique réel. Dans ce chapitre, nous passerons en revue trois des problèmes électriques domestiques les plus courants : tester les prises, vérifier les fusibles/ampoules et diagnostiquer les interrupteurs défectueux, afin que vous puissiez identifier et résoudre les problèmes en toute confiance.

Dans ce chapitre :

✔ Test d'une prise morte – S'agit-il de la prise, du câblage ou du disjoncteur ?

✔ Vérification d'un fusible ou d'une ampoule – Vérification rapide des composants défectueux

✔ Diagnostiquer un interrupteur défectueux – Déterminer si l'interrupteur est cassé ou mal câblé

1. Tester une sortie morte

Dépannage étape par étape

Étape 1 : Vérifiez l'évidence
- Vérifiez si la prise est contrôlée par un interrupteur d'éclairage (courant dans les salons).
- Testez les autres prises dans la pièce : sont-elles également mortes ? (Peut être un disjoncteur déclenché.)

Étape 2 : Test de tension (mode CA)
1. Réglez le DMM sur la tension CA (V~) et sélectionnez la plage 200 V+ (pour les prises 120 V).

2. Insérez les sondes dans les fentes de sortie :
- Sonde noire → Neutre (emplacement plus long)
- Sonde rouge → Chaude (emplacement plus court)

3. Lectures attendues :
- 110-120 V (États-Unis) ou 220-240 V (UE) → La prise est sous tension.
- 0 V ou lecture erratique → La prise est morte (vérifiez le disjoncteur ou le câblage).

Étape 3 : Vérifiez la mise à la terre (facultatif)

- Sonde rouge → Fente chaude, Sonde noire → Masse (trou rond).
- Doit toujours indiquer 110-120 V (confirme une mise à la terre appropriée).

Si la prise est morte :

✔ Réinitialisez le disjoncteur (s'il est déclenché).

✔ Testez les prises en amont (il peut s'agir d'un fil lâche dans le circuit).

✔ Appelez un électricien si le problème persiste (il peut s'agir d'un défaut de câblage caché).

2. Vérification d'un fusible ou d'une ampoule

Test d'un fusible (mode continuité)

1. Retirez le fusible de son support (ne testez jamais les fusibles à cartouche en circuit).

2. Réglez le DMM en mode continuité (►)) ou résistance (Ω).

3. Touchez les sondes aux deux extrémités métalliques du fusible.
- Le buzzer retentit ou 0Ω → Le fusible est bon.
- Pas de son ou « OL » → Le fusible est grillé.

Tester une ampoule

1. Réglez le DMM en mode résistance (Ω).
2. Touchez une sonde au contact de base, l'autre aux filetages latéraux.
   - Faible résistance (par exemple 10 à 100 Ω) → L'ampoule est bonne.
   - "OL" (résistance infinie) → Le filament est cassé.

Conseil de pro :
   - Pour les ampoules LED, utilisez le mode test de diode (⹀►) : une LED fonctionnelle affichera une chute de tension (1,5 à 3 V).

3. Diagnostiquer un commutateur défectueux

Test étape par étape

Étape 1 : Mettre le circuit hors tension
   - Éteignez le disjoncteur contrôlant l'interrupteur (la sécurité d'abord !).

Étape 2 : retirez le couvercle de l'interrupteur
   - Exposez les bornes du commutateur (généralement deux vis).

Étape 3 : tester la continuité

1. Réglez le DMM en mode continuité (▶)) ou résistance (Ω).

2. Allumez l'interrupteur :
   - Le buzzer retentit ou 0Ω → Le commutateur fonctionne.
   - Pas de son ou "OL" → L'interrupteur est défectueux.

3. Éteignez l'interrupteur :
   - Devrait maintenant lire "OL" (circuit ouvert).

Si le commutateur est défectueux :

✔ Remplacez-le par un neuf (les interrupteurs standards sont peu coûteux).

✔ Si le commutateur teste correctement mais ne fonctionne toujours pas, vérifiez les connexions de câblage (les fils desserrés provoquent des pannes intermittentes).

Résumé du chapitre :

✔ Les prises mortes peuvent être testées pour la tension afin de déterminer si le problème est local ou à l'échelle du circuit.

✔ Les fusibles et les ampoules sont facilement vérifiés avec le mode continuité ou résistance.

✔ Les interrupteurs défectueux peuvent être diagnostiqués en testant la continuité dans les états ON/OFF.

Chapitre 10 : Tests automobiles avec un multimètre numérique

Votre multimètre numérique (DMM) est un outil indispensable pour diagnostiquer les problèmes électriques des voitures. Du test des batteries à la vérification des capteurs, ce chapitre vous guidera à travers les mesures automobiles essentielles qui peuvent vous faire gagner du temps et de l'argent sur les réparations.

Dans ce chapitre :

✔ Test des batteries et des alternateurs de voiture – Diagnostic des problèmes du système de charge
✔ Vérification des fusibles et des relais – Identification rapide des pannes électriques
✔ Diagnostic des problèmes de capteur – Test des capteurs courants tels que l'O2, le MAF et la position du papillon

1. Test des batteries et des alternateurs de voiture

Comment tester une batterie de voiture
1. Réglez le DMM sur la tension CC (plage 20 V)

2. Avec le moteur éteint :

- Connectez la sonde rouge à la batterie (+), la noire à (-)
- Batterie saine : 12,6 V+ (entièrement chargée)
- Batterie faible : 12,0 à 12,4 V (à charger)
- Batterie déchargée : <11,9 V (peut nécessiter un remplacement)

3. Moteur allumé (test de charge) :
- Doit lire 13,7-14,7 V (l'alternateur fonctionne)
- <13V = Mauvais alternateur ou courroie
- >15V = Surcharge (problème de régulateur de tension)

Test de charge (facultatif) :
- Allumez les phares pendant 2 minutes, puis vérifiez la tension.
- Si la tension descend en dessous de 9,6 V pendant le démarrage, la batterie est faible.

2. Vérification des fusibles et des relais

Test des fusibles

1. Réglez le DMM en mode continuité (►)) ou Ω
2. Testez les bornes du fusible :
- Bip ou 0Ω = Bon fusible
- Pas de son/OL = Fusible grillé

Conseil de pro :

- Pour les fusibles à lame, testez les capuchons métalliques sur le dessus sans les retirer.

Test des relais

1. Localisez les bornes de la bobine (généralement 85 et 86)

2. Réglez le DMM sur le mode Ω et testez la résistance de la bobine :

50-120 Ω = Normal

OL ou 0Ω = Bobine défectueuse

3. Testez les contacts du commutateur (30 et 87) :

- OL lorsque le relais est éteint, 0Ω lorsqu'il est sous tension

Vérification rapide :

- Échangez avec un relais identique pour vérifier le fonctionnement.

3. Diagnostic des problèmes de capteur

Capteurs et tests courants

Capteur d'oxygène (O2)

1. Réglez le DMM sur la tension CC (plage 2 V)

2. Fil de signal de la sonde arrière (moteur en marche)

- Doit fluctuer entre 0,1 et 0,9 V (riche/pauvre)
- Coincé à 0,45 V = Capteur défectueux

Capteur MAF

1. Réglez le DMM sur la tension CC (plage 20 V)
2. Fil de signal de sonde arrière (clé allumée, moteur éteint)
   - Typique : 0,5 à 1,0 V au ralenti, 2,0 à 4,0 V à 2 500 tr/min

Capteur de position du papillon (TPS)

1. Réglez le DMM sur la tension CC (plage 5 V ou 10 V)
2. Fil de signal de sonde arrière (clé allumée, papillon fermé)
   - Doit indiquer 0,5 à 1,0 V, augmentant progressivement jusqu'à 4,5 V+ à WOT

Conseils généraux sur les capteurs :

✔ Vérifiez toujours la tension de référence (5 V) et la masse en premier
✔ Comparez les lectures aux spécifications d'usine
✔ Surveillez la fluidité de la réponse lors des tests de mouvement

Résumé du chapitre :

✔ Les tests de batterie/alternateur révèlent l'état du système de charge

✔ Les fusibles/relais peuvent être vérifiés rapidement grâce à des tests de continuité

✔ Les diagnostics des capteurs nécessitent des comparaisons tension/résistance

Chapitre 11 : Tests d'électronique et de circuits de bricolage

Votre multimètre numérique (DMM) est le compagnon ultime pour les projets électroniques, qu'il s'agisse de prototypage sur une maquette, de tests de composants ou de débogage de circuits. Ce chapitre vous guidera à travers les techniques essentielles pour travailler avec l'électronique en toute sécurité et efficacement.

Dans ce chapitre :

✔ Mesure de la tension dans les circuits de maquette – Vérification de la puissance et des signaux
✔ Test de composants – Résistances, condensateurs, transistors, etc.
✔ Débogage de circuits simples – Recherche et résolution des problèmes courants

1. Mesure de la tension dans les circuits de maquette

Vérifications de tension étape par étape

1. Réglez le DMM sur la tension CC (V⁼) – Pour la plupart des circuits basse tension (3,3 V, 5 V, 9 V, etc.).

2. Connectez correctement les sondes :
   • Sonde noire → Rail de masse (GND)

- Sonde rouge → Point de test (broche IC, fil de résistance, etc.)

3. Interpréter les lectures :
   - Tension attendue ? → Le circuit est correctement alimenté.
   - 0 V ? → Vérifier l'alimentation électrique et les connexions.
   - Fluctuant ? → Possibilité d'alimentation courte ou instable.

Mesures communes :

✔ Rails d'alimentation – Confirmez que 5 V/3,3 V est stable.

✔ Chutes de tension – à travers les résistances, les LED ou les transistors.

✔ Lignes de signal – PWM, états numériques HAUT/BAS.

Conseil de pro :
   - Utilisez des câbles à pince crocodile pour un sondage mains libres.
   - Pour les signaux CA (par exemple audio), passez en mode tension CA (V~).

2. Test des composants

Résistances

1. Réglez le DMM en mode résistance (Ω).

2. Mesurez les fils de la résistance (hors circuit).

3. Comparez avec le code couleur :

- Dans les limites de la tolérance ? → Bien.
- "OL" ou loin ? → Échec (épuisement professionnel).

Condensateurs

1. Déchargez d'abord le condensateur (câbles courts avec une résistance).

2. Réglez le DMM en mode capacité (F) (ou utilisez la résistance pour un test brut).

3. Sondes sur les fils du condensateur (la polarité compte pour l'électrolyse !).

- Proche de la valeur indiquée ? → Bien.
- "OL" ou 0 ? → Ouvert ou court-circuité.

Transistors (BJT/MOSFET)

1. Utilisez le mode test de diode (⎓▶).

2. Tests BJT :

- NPN : Rouge sur la base, noir sur l'émetteur/collecteur → chute de ~0,6 V.
- PNP : sondes inversées.

3. Test LMOSFET :

- La porte vers le drain/la source ne doit montrer aucune continuité jusqu'à ce qu'elle soit déclenchée.

Note: Pour les brochages exacts, consultez la fiche technique !

3. Débogage de circuits simples

Débogage étape par étape

1. Vérifiez d'abord l'alimentation électrique :
   - La tension est-elle correcte en tous points ?
   - Utilisez le mode continuité pour vérifier les connexions GND.

2. Testez les composants individuellement :
   - Résistances, condensateurs, diodes.

3. Traçage des signaux :
   - Suivez les changements de tension de l'entrée à la sortie.

4. Recherchez les problèmes courants :
   - Short : 0 V inattendu ou surchauffe.
   - Ouvre : Pas de continuité là où il devrait y en avoir.
   - Valeurs erronées : résistances/condensateurs mal placés.

Exemple : la LED ne s'allume pas

✔ Testez la tension aux bornes de la LED → Doit être d'environ 1,8 à 3,3 V (selon la couleur).
✔ Vérifier la valeur de la résistance → Corriger votre tension d'alimentation ?
✔ Vérifiez la polarité → La LED ne fonctionne que dans un sens !

Résumé du chapitre :

✔ Les contrôles de tension de la planche à pain confirment la bonne alimentation.

✔ Les tests de composants garantissent le fonctionnement des résistances, des capuchons et des transistors.

✔ Le débogage implique des vérifications systématiques de l'alimentation, du signal et de la connexion.

Partie 4 : Conseils de pro et maintenance

Chapitre 12 : Précision et étalonnage du multimètre

Un multimètre numérique (DMM) est aussi fiable que sa précision. Que vous soyez un amateur ou un professionnel, comprendre les tolérances de mesure, l'étalonnage et comment sélectionner le bon appareil de mesure vous garantit d'obtenir des résultats fiables à chaque fois.

Dans ce chapitre :

✔ Comprendre les cotes de précision – Que signifient ces ± chiffres ?
✔ Quand et comment calibrer votre multimètre numérique – Maintenir la précision
✔ Choisir le bon multimètre – Adaptation des fonctionnalités à vos besoins

1. Comprendre les cotes de précision

Que signifie « ±1 % + 2 chiffres » ?
La précision du multimètre est généralement exprimée comme suit :
±(pourcentage de lecture) + (nombre de chiffres les moins significatifs)

Exemple:

- Mesure de 10,00 V avec un compteur évalué à ±1 % + 2 chiffres :
- ±1 % de 10,00 V = ±0,10 V
- +2 chiffres = ±0,02 V (sur un affichage à 3½ chiffres)
- Erreur totale possible : ±0,12 V → La tension réelle est comprise entre **9,88 V et 10,12 V

Facteurs clés affectant la précision

1. Température – Spécifiée pour une plage (par exemple, 23°C ±5°C).
2. Temps écoulé depuis l'étalonnage – La dérive se produit sur plusieurs mois/années.
3. Type de mesure – Les mesures en courant alternatif sont souvent moins précises que celles en courant continu.

Tableau 11 : Exemples de classes de précision :

Cas d'utilisation	Précision typique
Amateur de base	±1% + 5 chiffres
Electronique	±0,5% + 3 chiffres

professionnelle	
Qualité laboratoire	±0,025% + 1 chiffre

2. Quand et comment calibrer votre multimètre numérique

Quand calibrer

✔ Annuellement pour un usage occasionnel
✔ Tous les 6 mois pour un travail professionnel
✔ Après un choc mécanique (par exemple chute du compteur)
✔ Lorsque les lectures semblent incohérentes

Vérification d'étalonnage DIY (vérification de base)

1. Testez une source de tension connue (par exemple, une nouvelle pile 9 V ~ 9,6 V).

2. Mesurez les résistances de précision (tolérance de 1 % ou 0,1 %).

3. Comparez avec un compteur de référence fiable.

Pour un étalonnage professionnel :

- Utilisez un calibrateur (par exemple, Fluke 5500A) ou envoyez-le à un laboratoire certifié.
- Ajustez les trimpots internes (avancé ; nécessite un manuel d'entretien).

Note: La plupart des compteurs économiques ne peuvent pas être calibrés par l'utilisateur : ils nécessitent un entretien en usine.

3. Choisir le multimètre adapté à vos besoins

Tableau 12 : Critères de sélection :

Fonctionnalité	Utilisation occasionnelle	Travaux électroniques	Industriel/Électricien
Précision	±1 % adéquat	±0,5% préféré	±0,25 % ou mieux
Cote de sécurité	CAT II	CAT II-III	CAT III-IV
Fonctions	V, A, Ω, continuité	+Capacité, diode, Hz	+Vrai RMS, LoZ, IP67

Durabilité	Basique	Robuste	Antichoc/ét anche
Gamme de prix	20-50	50-200	200 – 200 à 1 000

Compteurs recommandés par cas d'utilisation

- **Accueil/Bricolage :** AstroAI DM6000, Innova 3320
- **Électronique:** Brymen BM235, Fluke 115
- **Industriel:** Fluke 87 V, Keysight U1242C

Conseil de pro :
- Recherchez les certifications de sécurité UL/CE/IEC.
- Le True RMS est essentiel pour le courant alternatif non sinusoïdal (moteurs, variateurs).

Résumé du chapitre :

✔ Les cotes de précision définissent les marges d'erreur réelles.

✔ L'étalonnage maintient la précision : contrôles annuels pour la plupart des utilisateurs.

✔ Choisissez un compteur correspondant à vos besoins de sécurité et de précision.

Chapitre 13 : Sécurité et meilleures pratiques

Un multimètre numérique (DMM) est un outil puissant, mais une mauvaise utilisation peut entraîner des dommages matériels, des blessures, voire des accidents mortels. Ce chapitre couvre les protocoles de sécurité essentiels et les pratiques de maintenance pour garantir des mesures précises et une fiabilité à long terme.

Dans ce chapitre :

✔ Éviter les risques électriques – Prévenir les chocs et les dommages aux compteurs
✔ Manipulation correcte de la sonde – Techniques pour des mesures sûres et précises
✔ Stockage et entretien de votre multimètre numérique – Prolongation de sa durée de vie

1. Éviter les risques électriques

Principaux risques électriques
- Choc électrique (provenant de circuits sous tension)
- Arcs électriques (courts-circuits à courant élevé)
- Incendie/explosion (dans des environnements inflammables)

Règles de sécurité pour l'utilisation du DMM

1. Connaissez les limites de votre compteur
- Vérifiez la classification CAT (par exemple, CAT III 600 V pour le câblage domestique).
- Ne dépassez jamais la tension/courant maximum (marqué près des prises de sonde).

2. Mettre les circuits hors tension lorsque cela est possible
- Mesurez la résistance/diodes uniquement sur les circuits morts.

3. Utilisez un EPI approprié pour la haute tension
- Gants isolés
- Lunettes de sécurité
- Vêtements ignifuges (pour travaux industriels)

4. Méfiez-vous des condensateurs
- Déchargez les condensateurs de puissance avant de tester (utilisez une résistance, pas un tournevis !).

5. Règle à une main pour les circuits en direct
- Gardez une main derrière votre dos pour éviter que le courant ne traverse la poitrine.

⚠ **Avertissement critique :**

- > 50 V CA ou > 120 V CC peuvent être mortels – supposez que tous les circuits inconnus sont dangereux.

2. Manipulation appropriée de la sonde

Tableau 13 : Sélection et utilisation de la sonde :

Type de sonde	Idéal pour	Dangereux pour
Sondes pointues standards	Electronique générale	Circuits à haute énergie
Pinces crocodiles	Mesures mains libres	Travaux de précision à basse tension
Sondes isolées	Tension domestique/industriel le	N/A (toujours le plus sûr)

Techniques de sondage sûres

1. Insérez complètement – Assurez-vous que les sondes s'enclenchent correctement dans les prises.

2. Vérifiez les dommages – Fils effilochés/métal exposé = remplacez-les immédiatement.

3. Évitez les dérapages
   - Utilisez des crochets de sonde ou des pinces crocodiles sur les circuits sous tension.
   - Ne laissez jamais les sondes se toucher accidentellement pendant les mesures de tension.

Erreur courante :
   - Commutation des sondes entre les prises sous tension → Peut faire sauter le fusible du compteur.

3. Stockage et entretien de votre multimètre

Meilleures pratiques de stockage

✔ Éteignez après utilisation – Préserve la durée de vie de la batterie.
✔ Utilisez un étui de protection – Empêche les dommages au cadran/à l'écran.
✔ Bobine proprement – Évite la fatigue du fil.
✔ Contrôle climatique – Conserver dans des conditions sèches et à température ambiante.

Tableau 14 : Liste de contrôle de maintenance :

Tâche	Fréquence
Vérifier l'état de la sonde	Avant chaque utilisation
Tester la continuité du fusible	Mensuel
Nettoyer le boîtier/l'écran	Trimestriel
Vérifier l'exactitude de base	Annuellement
Calibrage complet	1 à 2 ans (ou selon les directives du fabricant)

Problèmes de dépannage

- Des lectures erratiques ? → Vérifiez la batterie, les sondes et les prises d'entrée.
- L'affichage s'estompe ? → Remplacez la batterie ou le rétroéclairage.

- Pas de bip de continuité ? → Testez d'abord les cordons sur un conducteur en bon état.

Conseil de pro :
- Conservez les fusibles et les piles de rechange dans le boîtier de votre compteur.

Résumé du chapitre :

✔ Prévenez les chocs en respectant les limites de tension et en utilisant des EPI.

✔ Manipulez les sondes avec précaution pour éviter les glissades/shorts.

✔ Stockez correctement et entretenez régulièrement pour des performances optimales.

Chapitre 14 : Erreurs courantes et comment les corriger

Même les utilisateurs expérimentés font des erreurs avec les multimètres numériques. Ce chapitre identifie les erreurs fréquentes rencontrées par les débutants et propose des solutions claires pour les corriger, vous permettant ainsi d'économiser du temps, de la frustration et des dommages potentiels à votre équipement.

Dans ce chapitre :

✔ Interprétation erronée des lectures – Comprendre ce que votre multimètre numérique vous dit réellement
✔ Mauvais paramètres et récupération – Correction rapide des erreurs de configuration
✔ Dépannage des mesures défectueuses – Diagnostiquer et résoudre les problèmes de précision

1. Mauvaise interprétation des lectures

Tableau 15 : Interprétations erronées courantes et solutions :

En lisant	Ce que vous pensez	Ce que cela signifie réellement	Comment réparer
OL (Surcharge)	"Le circuit est mort"	La valeur dépasse la plage sélectionnée	Passer à une gamme supérieure (par exemple, 200 V au lieu de 20 V)
0,00 en mode tension	"Zéro tension parfait"	Court-circuit possible ou plage incorrecte	Vérifiez les shorts; vérifier la tension attendue
Tension continue négative	"Quelque chose ne va pas"	Les sondes sont inversées	Échangez les sondes rouge/noire ou ignorez le signe s'il n'est pas pertinent
Des chiffres erratiques	"Le circuit est instable"	Contact de sonde lâche ou interférence	Connexions sécurisées ; éviter de toucher les

			sondes

Exemple:

- Mesurer une pile 9V mais voir 0,9V ? Vous êtes probablement en mode tension alternative (V~) au lieu de DC (V⁼).

2. Mauvais paramètres et comment récupérer

Erreurs de réglage fréquentes

1. Mesure de la tension en mode courant

- **Symptôme:** Fusible grillé, aucune lecture.

Réparer:
- 1. Mettez immédiatement le multimètre hors tension.
- 2. Remplacez le fusible interne (consultez le manuel pour connaître son emplacement).
- 3. Vérifiez toujours les prises d'entrée (fil rouge en VΩmA, pas 10A pour la tension).

2. Test de résistance sur des circuits sous tension

- Symptôme : « OL » ou valeurs aléatoires ; risque d'endommagement du compteur.

Réparer:
- Coupez l'alimentation avant les tests de résistance.
- Déchargez les condensateurs avec une résistance.

3. Utilisation du mode AC pour DC (ou vice versa)

- Symptôme : les lectures sont incorrectes (par exemple, 0 V sur une batterie sous tension).

Réparer:
- Passez à V= pour DC ou V~ pour AC.
- Pour le courant continu pulsé (PWM), utilisez le mode True RMS si disponible.

Conseil de pro :
- Étiquetez le cadran de votre multimètre numérique avec du ruban de couleur pour les paramètres fréquemment utilisés (par exemple, vert pour V=, rouge pour V~).

3. Dépannage des mesures défectueuses

Diagnostic étape par étape

1. Vérifiez d'abord l'évidence

- Batterie morte ? → Remplacer la cellule 9V/Li-ion.
- Des sondes desserrées ? → Réinsérer complètement dans les prises.
- Des sondes sales ? → Nettoyer avec de l'alcool isopropylique.

2. Vérifier par rapport aux valeurs connues

- Testez une nouvelle pile (doit être ~ 1,5 V pour AA, 9,6 V pour 9 V).
- Mesurez une résistance de précision (comparez au code couleur).

3. Isolez le problème

Tableau 16 : Comment isoler les problèmes :

Problème	Cause probable	Solution
Toutes les lectures sont nulles	Sondes en court-circuit	Inspecter/tester les câbles séparément
Valeurs incohérentes	Mauvais contact de la sonde	Remplacez les sondes ou utilisez des pinces crocodiles

"L'OL" dans la continuité	Mauvais mode	Passer au symbole ►))
Affichage scintillant	Batterie faible	Remplacer la batterie

Vérifications avancées :

- **Test de continuité des fusibles :** Utilisez le mode Ω pour vérifier si le fusible interne est intact.

- **Inspection de la prise d'entrée :** Recherchez des débris ou des contacts pliés.

Résumé du chapitre :

✔ Les erreurs de lecture proviennent souvent d'erreurs de plage (par exemple, « OL » = plage trop basse).

✔ De mauvais réglages peuvent endommager votre compteur : vérifiez toujours le mode/les prises avant de tester.

✔ Dépannez méthodiquement : commencez par l'alimentation/les connexions, puis comparez aux valeurs connues.

Conclusion et prochaines étapes

Félicitations! Vous avez atteint la fin de Comment utiliser un multimètre numérique : le manuel complet du débutant. À présent, vous devriez pouvoir utiliser votre multimètre numérique en toute confiance pour mesurer la tension, le courant, la résistance et bien plus encore, tout en restant en sécurité et en évitant les pièges courants.

Récapitulatif des leçons clés

✔ Maîtrisez les bases – Vous avez appris à mesurer :
- Tension (AC/DC) dans les prises, batteries et circuits
- Courant (ampères) en toute sécurité en série
- Résistance (ohms) et continuité pour le dépannage
- Diodes, condensateurs et autres composants

✔ Compétences pratiques appliquées – Vous pouvez désormais :
- Diagnostiquer les prises mortes, les fusibles grillés et les interrupteurs défectueux
- Testez les batteries de voiture, les alternateurs et les capteurs
- Déboguer des projets électroniques simples

✔ Resté en sécurité – Vous comprenez :
- Risques électriques et comment les éviter
- Manipulation correcte de la sonde pour éviter les accidents
- Quand faire appel à un professionnel pour des tâches à haut risque

Où aller à partir d'ici (ressources avancées)

Prêt à approfondir vos compétences ? Voici quelques prochaines étapes recommandées :

1. Techniques avancées du multimètre
- Mesures True RMS pour les signaux AC complexes
- Enregistrement de données avec des compteurs connectés à un PC
- Sonde de température pour travaux CVC/automobile

2. Conception électronique et de circuits
- Livres : L'art de l'électronique (Horowitz & Hill)
- En ligne : EEVblog, tutoriels All About Circuits
- Pratique : projets Arduino/Raspberry Pi

3. Certifications professionnelles (pour l'évolution de carrière)

- Électriciens : cours de code NEC
- Automobile : certification électrique ASE
- Industriel : Formation sur la sécurité des appareils Fluke Meter

4. Mettez à niveau votre boîte à outils
- Pinces multimètres pour mesures de courant non invasives
- Oscilloscopes pour l'analyse des signaux
- Compteurs LCR pour des tests précis des composants

Dernier rappel de sécurité

Pendant que vous continuez à travailler avec l'électronique, ne vous complaisez jamais en matière de sécurité :

▲ **Toujours:**
- Vérifiez que la classification CAT de votre compteur correspond à la tâche
- Couper l'alimentation avant les tests de résistance/continuité
- Utilisez des outils isolés et des EPI pour les travaux à haute tension

▲ **Jamais:**
- Supposons qu'un circuit est mort sans test

- Dépassez les valeurs maximales de votre compteur
- Travailler seul sur des tensions dangereuses (>50V AC/120V DC)

Votre voyage commence maintenant

Ce livre vous a donné les bases, mais la véritable expertise vient de la pratique pratique. Commencez petit (testez les batteries domestiques, vérifiez les fusibles des voitures), puis abordez progressivement des projets plus complexes.

En cas de doute, revisitez les chapitres sur la sécurité. Il vaut mieux mesurer deux fois plutôt que de risquer de se blesser une fois.

Bonne mesure !